Den Helbredende Te Kokeboken

100 nærende oppskrifter for sinn, kropp og ånd. Oppdag de beroligende fordelene med hjemmelagde urteteblandinger

Alma Lunde

Copyright materiale ©2023

Alle rettigheter reservert

Uten korrekt skriftlig samtykke fra utgiveren og opphavsrettseieren, kan ikke denne boken brukes eller distribueres på noen måte, form eller form, bortsett fra korte sitater brukt i en anmeldelse. Denne boken bør ikke betraktes som en erstatning for medisinsk, juridisk eller annen profesjonell rådgivning.

INNHOLDSFORTEGNELSE

INNHOLDSFORTEGNELSE 3
INTRODUKSJON 6

1. Blæreinfeksjoner te 7
2. Blues Tea 9
3. Bronchial Congestion Tea 11
4. Echinacea & Roots Tea 13
5. Forest Roots Tea 15
6. Marshmallow, burdock, og løvetann røtter Te 17
7. Angelica rot og sitronmelisse te 19
8. Søvnte av bynvor og valerianrot 21
9. Stopp den hoste-teen 23
10. Marshmallow Root Tea 25
11. Ingefær appelsin iste 27
12. Helbredende ingefærte 29
13. Moderne urtete 31
14. Humle og Gotu kola Remedy te 33
15. Allergisesongblanding 35
16. Afrodite Blend Tea 37
17. Yellow Dock Blood Builder Tea 39
18. Blossoms of Health Tea 41
19. Breast Health Tea 43
20. Forkjølelse og influensa-te 45
21. Johannesurt og Linde Blomsterte 47
22. Repose Tea Blend 49
23. Kattemynte og Vervain-te 51
24. Blinker Blend Tea 53
25. Glad mage-te 55
26. Insomnia Tea 57
27. Mindre stresste 59
28. Mellow Mood Tea 61
29. Memory Zest Blend 63
30. Migrene-te 65
31. Moon Ease Tea 67
32. Mine nerver er skutt te 69
33. Naturlig konsentrasjonste 71
34. Nellikblomster og kamillekvalme-te 73
35. Johannesurt og valeriante 75
36. Humle, brennesle og jordbærblader Te 77
37. Bringebærblader & kattemyntete 79
38. Sitronmelisse Oregano Quiet Time Tea 81

39. Sitronmelisse avslapningste 83
40. Isop beroligende te 85
41. Sitronmelissete for nervøsitet 87
42. Peppermyntemagete 89
43. Peppermynte og sitronmelissete 91
44. Wise Woman Tea 93
45. Valerian & Skullcap Epilepsi Kombinasjon 95
46. Kamille halsbrann te 97
47. Gingko Biloba Memory Minder Tea 99
48. Humle Baby Sleep Tea 101
49. Wort Depresjon Tamer Tea 103
50. Peppermynteappelsin te 105
51. Granateple iste 107
52. Bringebærbasilikum iste 109
53. Bringebær kamille iste 111
54. Bringebærdrue iste 113
55. Bringebær hibiscus oppfriskning 115
56. Glitrende tranebær iste 117
57. Glitrende eple iste 119
58. Sprudlende eplete 121
59. Glitrende blåbærte 123
60. Jordbærgrønn te 125
61. Strawberry sitron iste 127
62. Jordbærmandarin-te 129
63. Sommer appelsin te 131
64. Mandarin og lavendel iste 133
65. Mandarin jordbær iste 135
66. Lime agurk iste 137
67. Limeade iste 139
68. Mango grønn te 141
69. Maple bringebær te 143
70. Mammas tranebærte 145
71. Tropisk iste 147
72. Vanilje og sjasmin te 149
73. Iced sitrus sol te 151
74. Ingefær ananas iste 153
75. Hibiskus og granateplete 155
76. Jasminte med mandelmelk 157
77. Rakett mynte iste 159
78. Cayenne-te 161
79. Malaysisk te 163
80. Kanel butterscotch te 165

81. Appelsin-muskat te 167
82. Saigon te 169
83. Masala te 171
84. Russisk te 173
85. Chai Kurdi 175
86. Kanelpære iste 177
87. nellik & muskat appelsinte 179
88. Kokos Chia Frø Spritzer 181
89. Dillfrø te 183
90. Korianderfrø te 185
91. Varm lotus-te 187
92. Te av lavendel og fennikelfrø 189
93. Fennikelfrø Carminative Tea 191
94. Kamille & karve angelica te 193
95. Korianderfrø Nype te 195
96. Anisfrøkrydret lettelse 197
97. Te med kokosmelk 199
98. Helbredende sitronmyntete 201
99. Sitrussolte 203
100. Epazote-te 205

KONKLUSJON 207

INTRODUKSJON

Velkommen til Den Helbredende Te Kokeboken, en samling oppskrifter og visdom for bruk av urter og planteekstrakter for å lage nærende og foryngende teblandinger. På disse sidene finner du en rekke oppskrifter på forskjellige typer te, fra beroligende kamille til forfriskende ingefær. Men denne kokeboken handler om mer enn bare oppskrifter. Det handler om teens kraft til å helbrede og gjenopprette kroppen og sinnet vårt.

Gjennom historien har folk vendt seg til te som en kilde til trøst og helbredelse. Enten det er en beroligende kopp kamillete før sengetid eller en varm ingefærte for å lindre sår hals, har te en måte å få oss til å føle oss bedre. Og med den rette kombinasjonen av urter og krydder kan te ha enda kraftigere helbredende egenskaper.

I denne kokeboken vil du lære om de forskjellige typene urter og planteekstrakter som kan brukes til å lage helbredende teblandinger, samt de spesifikke helsefordelene til hver ingrediens. Fra immunforsterkende echinacea til stressreduserende ashwagandha, vil du oppdage den helbredende kraften til planter og hvordan de kan støtte din generelle helse og velvære.

Så enten du leter etter en trøstende kopp te som hjelper deg å slappe av etter en lang dag, eller en kraftig blanding for å støtte immunforsvaret ditt under forkjølelses- og influensasesongen, har Den Helbredende Te Kokeboken noe for deg. La oss heve en kopp til din helse og lykke!

1. **Blæreinfeksjoner te**

GJØR AT: 2

INGREDIENSER
- 1 ½ gram tørket gullris
- 1/4 unse einebær
- ¾ unse hakket løvetannrot
- ¾ unse hakkede nyper

BRUKSANVISNING:
- ☑ Hell 1 kopp kokende vann over 2 ts av blandingen.
- ☑ Bratt i 10 minutter og sil.
- ☑ Drikk en kopp.

2. **Blues te**

GJØR AT:2

INGREDIENSER
- 1-delt brennesleblader,
- 1-delt johannesurt topper
- 2-deler mynte
- 1-delt damiana blader
- 1-delt kava kava rot
- en liten klype stevia

BRUKSANVISNING:
- ☑ Legg alle urter i en tepose, legg i et krus og dekk med kokende vann.
- ☑ Bratt i 10 minutter.
- ☑ Fjern teposen og tilsett søtningsmiddelet ditt.

3. **Bronkial overbelastning te**

GJØR AT: 2

INGREDIENSER
- 1 ½ gram anis
- 1 unse Calendula blomster
- 3/4 gram Marshmallow rot
- 1/3 gram lakrisrot

BRUKSANVISNING:
☑ Knus anisfrø og tilsett urter.
☑ Hell 1 kopp kokende vann over 1 ts av blandingen.
☑ Dekk til og la det trekke i 10 minutter.

4. Echinacea & Roots Tea

GJØR AT:2

INGREDIENSER
- 1-delt echinacea purpurea rot
- 1-delt pau d'arco
- 1-delt rå løvetannrot, stekt
- 1-delt sarsaparilla bark
- 1-delt kanelbark
- 1 del ingefærrot
- 1-delt burdock røtter
- 1-delt sassafras bark
- en klype stevia

BRUKSANVISNING:
- ☑ Legg alle urter i en tepose, legg i et krus og dekk med kokende vann.
- ☑ Bratt i 10 minutter.
- ☑ Fjern teposen og tilsett søtningsmiddelet ditt.

5. Forest Roots Tea

GJØR AT: 2

INGREDIENSER
- 1-delt echinacea purpurea
- 1-delt elecampan
- 1 del ingefær
- 1-del hver pleuritt og lakrisrøtter
- 1-delt hvit eikebark
- 1-delt kanelbark
- 1-del hvert appelsinskall og fennikelfrø

BRUKSANVISNING:
- ☑ Legg alle urter i en tepose.
- ☑ Ha i et krus og dekk med kokende vann.
- ☑ Bratt i 10 minutter.
- ☑ Fjern teposen og tilsett søtningsmiddelet ditt.

6. Marshmallow, burdock og løvetann røtter Te

GJØR AT:2

INGREDIENSER
- 1-delt sibirsk ginseng
- 1-delt løvetannrot
- 1-delt brennesle
- 1 del hver marshmallow & burdock røtter
- 1-del hver hagtorn & sag palmettobær
- 1-delt fennikelfrø
- 1-delt villhavre
- en klype stevia

BRUKSANVISNING:
- ☑ Legg alle urter i en tepose, legg i et krus og dekk med kokende vann.
- ☑ Bratt i 10 minutter.
- ☑ Fjern teposen og tilsett søtningsmiddelet ditt.

7. Angelica rot og sitronmelisse te

GJØR: 1

INGREDIENSER
- 1 ts Angelica rot
- 2 ts sitronmelisseblader
- ½ ts fennikelfrø

BRUKSANVISNING:
- ☑ La Angelica-roten koke opp i 4 kopper vann.
- ☑ Slå av varmen, og tilsett sitronmelisse og sitron.
- ☑ Bratt i 10 minutter og sil.

8. Byntor og valerianrot Sleep Tea

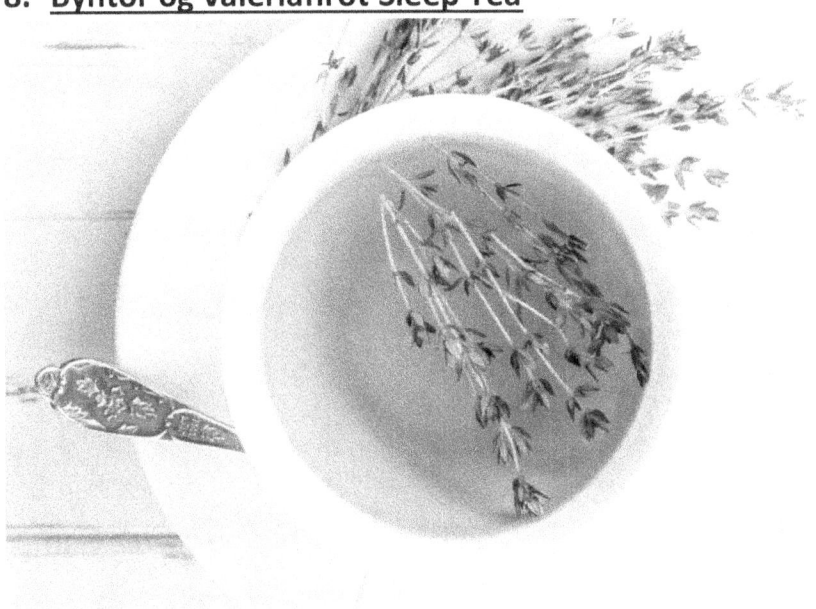

GJØR AT:2

INGREDIENSER
- 2 ss humle
- 1 ts lavendel
- 1 ts rosmarin
- 1 ts timian
- 1 ts bynke
- 1 ts salvie
- 1 klype valerianrot

BRUKSANVISNING:
☑ Ta en teskje av blandingen og hell den i 1 kopp varmt vann.
☑ La sitte i 3 minutter og sil deretter.

9. Slutt med hosteteen

GJØR AT:2

INGREDIENSER
- 1 ss glatt alm
- 1 ss Mullein
- 1 ss kattemynte
- 1 ss lakrisrotbark

BRUKSANVISNING:
- ☑ Kok barken først i to kopper vann i 10 minutter.
- ☑ Legg resten av urtene i et kaffefilter og legg filteret i en sil.
- ☑ Sil lakris-teen gjennom silen over i et krus og drikk.
- ☑ Honning og sitron kan tilsettes.

10. Marshmallow Root Tea

GJØR AT:2

INGREDIENSER:
- 3 deler økologisk marshmallow rot
- 2-delte økologiske roseknopper
- 2-delers økologisk Vana hellig basilikum
- 1-del organisk kassiakanelpulver

BRUKSANVISNING:
- ☑ Bland alle urter i en bolle.
- ☑ Kok opp vannet.
- ☑ Hell blandingen i en tesil.
- ☑ Hell vann over teblandingen, dekk til og la den trekke i 10 minutter
- ☑ Bruk 1/4 kopp teblanding for hver brygget 1 kopp.

11.Ingefær appelsin iste

GJØR AT: 8 SERVERINGER

INGREDIENSER:
- 1/2 kopp honning
- 1/2 sitron, juicet
- 1-tommers ingefærrot, skrelt og kuttet
- 4 oransje teposer
- 4 teposer
- 6 kopper kokende vann
- Kaldt vann, etter behov

BRUKSANVISNING:
- ☑ Plasser teposer og kokende vann i en krukke; deretter, bratt i omtrent en halv time.
- ☑ Ta ut teposene og bland inn resten av ingrediensene.
- ☑ Serveres avkjølt over is.

12. Helbredende ingefærte

GJØR AT: 2

INGREDIENSER
- 2 kopper vann
- 4 ss ingefærrot, revet

BRUKSANVISNING:
- ☑ Ha i panne med lokk på, kok opp, skru av varmen og la stå i to timer.
- ☑ Varm opp teen på nytt, sil urten fra teen og drikk.

13. Moderne urtete

GJØR AT: 2

INGREDIENSER
- 1-delt rødkløverblomster
- 1-delt brennesleblad
- 1-delt Pau d'Arco
- 1-delt alfalfa- og salvieblader
- 1-delt johannesurt topper
- 1 del ingefærrot

BRUKSANVISNING:
- ☑ Legg alle urter i en tepose.
- ☑ Ha i et krus og dekk med kokende vann.
- ☑ Bratt i 10 minutter.
- ☑ Fjern teposen og tilsett søtningsmiddelet ditt.

14. Humle og Gotu kola Remedy te

GJØR AT:2

INGREDIENSER
- 1 ts humle
- 1 ts Gotu Kola

BRUKSANVISNING:
- ☑ Kok opp 1 1/2 kopper vann.
- ☑ Legg urtene inni.
- ☑ Legg et lokk på godt og la det trekke i 5 minutter.
- ☑ Drikk to ganger om dagen.

15. Allergisesongblanding

GJØR AT: 2

INGREDIENSER
- 1-delt brennesle
- 1 del peppermynte
- 1-delt mynte
- 1-delt yerba santa
- 1-delt øyentrøst
- 1 klapp sitrongressblader
- 1-delt calendula
- 1-delt rødkløver
- 1-delt lavendelblomster
- 1-delt fennikelfrø
- en klype stevia

BRUKSANVISNING:
- ☑ Legg alle urter i en tepose.
- ☑ Ha i et krus og dekk med kokende vann.
- ☑ Bratt i 10 minutter.
- ☑ Fjern teposen og tilsett søtningsmiddelet ditt.

16. Aphrodite Blend Te

GJØR AT:2

INGREDIENSER
- 1-delt Damiana blader
- 1-delt roseblad
- 1 del peppermynteblader
- 1-delt muira puama
- 1-delt gingkoblader
- 1 del appelsinskall
- 1-delt kanelbarkflis
- en klype stevia.

BRUKSANVISNING:
- ☑ Legg alle urter i en tepose.
- ☑ Ha i et krus og dekk med kokende vann.
- ☑ Bratt i 10 minutter.
- ☑ Fjern teposen og tilsett søtningsmiddelet ditt.

17. Yellow Dock Blood Builder Tea

GJØR AT: 3 KOPPER

INGREDIENSER
- 1 ts nyper knust
- 1 ts slakterkost
- 1 ts Yellow Dock

BRUKSANVISNING:
- ☑ Kok opp 3 1/2 kopper vann.
- ☑ Fjern vannet fra varmen og tilsett urter.
- ☑ Legg et tett lokk på kjelen.
- ☑ La blandingen trekke i fem til ti minutter.
- ☑ Drikk en kopp tre ganger daglig.

18. Blossoms of Health Tea

GJØR AT:2

INGREDIENSER
- 1-delt ginkgo blader
- 1-delt rødkløvertopper
- 1-delt brennesleblad
- 1-delt eng søte blader
- 2-delt calendula
- 2-deler kamille
- 2-delt lavendelblomster
- 1 del gotu kola blader
- en klype stevia.

BRUKSANVISNING:
- ☑ Legg alle urter i en tepose.
- ☑ Ha i et krus og dekk med kokende vann.
- ☑ Bratt i 10 minutter.
- ☑ Fjern teposen og tilsett søtningsmiddelet ditt.

19. Bryst helse te

GJØR AT: 2

INGREDIENSER
- 2-delt calendula
- 2-delt rødkløver
- 1-delt klyver
- 1-delt damekappe
- Spearmint eller peppermynte

BRUKSANVISNING:
- ☑ Bratt over natten i 4 kopper vann.
- ☑ Drikk 4 kopper daglig.

20.Forkjølelse og influensa te

GJØR AT: 2

INGREDIENSER
- 1 unse Blackberry blader
- 1 unse hylleblomster
- 1 unse Linde blomster
- 1 unse peppermynteblader

BRUKSANVISNING:
☑ Hell 1 kopp kokende vann over 2 ss blanding.
☑ Dekk til og la det trekke i 10 minutter; press.

21.Johannesurt og Linde Blomsterte

GJØR AT: 2

INGREDIENSER
- 1/3 unse johannesurt
- 2/3 gram timian
- 2/3 gram Linden Blomster

BRUKSANVISNING:
- ☑ Bratt i 7 minutter i 1 kopp varmt vann, og sil deretter.
- ☑ Søt om nødvendig.

22. Repose teblanding

GJØR AT: 2

INGREDIENSER
- 1-delt roser
- 1-delt lavendelblomster
- 1-delt sitronverbena blader
- 1-delt kamilleblomster
- 1 del hver peppermynte- og mynteblader
- 1-delt blå malva blomster
- en klype stevia

BRUKSANVISNING:
- ☑ Legg alle urter i en tepose.
- ☑ Ha i et krus og dekk med kokende vann.
- ☑ Bratt i 10 minutter.
- ☑ Fjern teposen og tilsett søtningsmiddelet ditt.

23.Kattemynte og Vervain te

GJØR: 1

INGREDIENSER
- 1 ts tørket kattemynte
- 1 ts tørr Vervain

BRUKSANVISNING:
- ☑ Hell 2 kopper kokende vann over urtene.
- ☑ Bratt i 10 minutter og sil.

24. Blinker Blend Tea

GJØR AT: 2

INGREDIENSER
- 1-delt salvie
- 1-delt morurt
- 1-delt løvetann
- 1-delt kyllingmat & fiolettblader
- 1-delt hver hylleblomster & havrehalm

BRUKSANVISNING:
- ☑ Legg alle urter i en tepose.
- ☑ Ha i et krus og dekk med kokende vann.
- ☑ Bratt i 10 minutter.
- ☑ Fjern teposen og tilsett søtningsmiddelet ditt.

25. Glad mage-te

GJØR AT:2

INGREDIENSER
- 1-delt kattemynte
- 1-delt grønnmynte- og sitrongressblader
- 1-delt calendula blomster
- 1-delt kalott
- 1-delt rosmarin- og salvieblader
- 1-delt fennikelfrø

BRUKSANVISNING:
- ☑ Legg alle urter i en tepose.
- ☑ Ha i et krus og dekk med kokende vann.
- ☑ Bratt i 10 minutter.
- ☑ Fjern teposen og tilsett søtningsmiddelet ditt.

26. Insomnia te

GJØR AT: 2

INGREDIENSER
- 1 ½ gram tørkede Vervain-blader
- 1 unse kamille
- ½ gram Spearmint

BRUKSANVISNING:
☑ Bland alt og tilsett 1 kopp kokende vann.
☑ Bratt i 8 minutter; press.

27.Mindre stresste

GJØR AT: 2

INGREDIENSER
- 1-delt kamille
- 1 del mynte
- 1-delt calendula blomster

BRUKSANVISNING:
- ☑ Legg alle urter i en tepose.
- ☑ Ha i et krus og dekk med kokende vann.
- ☑ Bratt i 10 minutter.
- ☑ Fjern teposen og tilsett søtningsmiddelet ditt.

28. Mellow Mood Tea

GJERNER: 4

INGREDIENSER
- 1 ts kamilleblomster
- 1 ts lavendelpigger
- 1 ts kavablader
- 1 ts sitronmelisseblader
- 1 ts merian
- 1 spray valerianblomster
- 4 kopper kokt vann

BRUKSANVISNING:
- ☑ Ha alt i det kokte vannet i en kjele.
- ☑ Sil ut plantematerialet.
- ☑ Drikk teen varm eller kjølig.

29. Memory Zest Blend

GJØR AT: 2

INGREDIENSER
- 1-delt ginkgo
- 1 del gotu kola og peppermynteblader
- 1-delt rødkløvertopper
- 1-delt rosmarinblader
- 1 del ingefærrot
- en klype stevia.

BRUKSANVISNING:
- ☑ Legg alle urter i en tepose.
- ☑ Ha i et krus og dekk med kokende vann.
- ☑ Bratt i 10 minutter.
- ☑ Fjern teposen og tilsett søtningsmiddelet ditt.

30. Migrene te

GJØR AT: 2

INGREDIENSER
- 1 2/3 gram tørket johannesurt
- 1 unse Valerian
- 1 unse Linde blomster
- 1/4 unse einebær

BRUKSANVISNING:
- ☑ Bratt i 10 minutter i 1 kopp varmt vann.
- ☑ Sil og server.

31. Moon Ease Tea

GJØR AT:2

INGREDIENSER
- 2-delt crampbark
- 1-delt kyske trebær
- 1 del av hver mynte- og kalottblad
- 1-delt marshmallow rot
- 1-delt pasjonsblomsturt
- 1 del ingefærrot

BRUKSANVISNING:
- ☑ Legg alle urter i en tepose.
- ☑ Ha i et krus og dekk med kokende vann.
- ☑ Bratt i 10 minutter.
- ☑ Fjern teposen og tilsett søtningsmiddelet ditt.

32. Mine nerver er skutt te

GJØR AT:2

INGREDIENSER
- 2-delt kamille
- 1-delt Jasmine
- 1-delt humle
- 1-delt lavendel
- 1-delt Yerba Santa
- 1-delt Gotta Kola
- 1-delt johannesurt

BRUKSANVISNING:
- ☑ Legg alle urter i en tepose, Ha i det fineste kruset ditt og dekk med kokende vann.
- ☑ Bratt i 10 minutter.
- ☑ Fjern teposen og tilsett søtningsmiddelet ditt.

33.Naturlig konsentrasjonste

GJØR AT: 2

INGREDIENSER
- 1-delt Calendula
- 1 del mynte,
- 1-delt salvieblomster
- 1-delt ryllikblad

BRUKSANVISNING:
- ☑ Legg alle urter i en tepose.
- ☑ Ha i et krus og dekk med kokende vann.
- ☑ Bratt i 10 minutter.
- ☑ Fjern teposen og tilsett søtningsmiddelet ditt.

34. Nellikblomst og kamillekvalme-te

GJØR AT: 2

INGREDIENSER
- ½ ts tørket ingefærrot
- ½ ts nellikblomster
- 1 ts kamilleblomster

BRUKSANVISNING:
- ☑ Hell 1 kopp kokende vann over urtene.
- ☑ Bratt i 10 minutter, sil og la avkjøles.

35.Johannesurt og valerian te

GJØR AT: 2

INGREDIENSER
- 1 1/3 gram johannesurt
- 1 unse sitronmelisseblader
- 1 unse Valerian

BRUKSANVISNING:
- ☑ Bratt i 10 minutter i 1 kopp varmt vann.
- ☑ Sil, og søt om nødvendig.
- ☑ Drikk før du legger deg.

36.Humle, brennesle og jordbærblader Te

GJERNER: 4

INGREDIENSER
- 4 kopper kokende vann
- 1 ts tørket humle
- 1 ts brennesle
- 1 ts friske roseblader
- 1 ts tørkede jordbærblader
- 1 ts friske valnøttblader
- 3 ss tørkede salvieblader

BRUKSANVISNING:

☑ Kombiner alle ingrediensene, dekk til og la det trekke i en time.

☑ Sil og søt med honning.

37. Bringebærblader og kattemyntete

GJØR AT: 2

INGREDIENSER
- 1-delt bringebærblad
- 1-delt kattemynte
- 1 del av hver mynte- og kalottblad
- 1-delt calendula blomster
- en klype stevia

BRUKSANVISNING:
- ☑ Legg alle urter i en tepose, legg i et krus og dekk med kokende vann.
- ☑ Bratt i 10 minutter. Fjern teposen og tilsett søtningsmiddelet ditt.

38. Sitronmelisse Oregano Quiet Time Tea

GJØR AT: 2

INGREDIENSER
- 1-delt oregano
- 2-delt kamille
- 1 del sitronmelisse
- 1 del sitrontimian

BRUKSANVISNING:
- ☑ Legg alle urter i en tepose.
- ☑ Ha i et krus og dekk med kokende vann.
- ☑ Bratt i 10 minutter.
- ☑ Fjern teposen og tilsett søtningsmiddelet ditt.

39.Sitronmelisse avslappende te

GJØR AT: 2

INGREDIENSER
- 2-deler kamille
- 1 del sitronmelisse
- 1 del sitronskall
- 1 del timian

BRUKSANVISNING:
- ☑ Legg alle urter i en tepose.
- ☑ Ha i et krus og dekk med kokende vann.
- ☑ Bratt i 10 minutter.
- ☑ Fjern teposen og tilsett søtningsmiddelet ditt.

40.Isop beroligende te

GJØR AT: 2

INGREDIENSER
- 1 del mynte
- 1-delt isop
- 1-delt oregano
- 1 del persille
- 1 del sitronmelisse

BRUKSANVISNING:
- ☑ Legg alle urter i en tepose.
- ☑ Ha i et krus og dekk med kokende vann.
- ☑ Bratt i 10 minutter.
- ☑ Fjern teposen og tilsett søtningsmiddelet ditt.

41. Sitronmelissete for nervøsitet

GJØR AT: 2

INGREDIENSER
- 1 ½ gram peppermynteblader
- 1 ½ unse sitronmelisseblader

BRUKSANVISNING:
- ☑ Bratt i 10 minutter i 1 kopp varmt vann og sil.

42.Peppermynte mage te

GJØR AT: 2

INGREDIENSER
- 1 kopp tørket peppermynte
- 1 ss tørket rosmarin
- 1 ts tørket salvie

BRUKSANVISNING:
- ☑ Knus ingrediensene og bland godt.
- ☑ Ha 1 haugevis av teskje i en kopp kokende vann i 1 minutt.
- ☑ Søt med honning.

43.Te av peppermynte og sitronmelisse

GJØR: 1

INGREDIENSER
- 8 gram peppermynteblader
- 8 gram sitronmelisseblader
- 8 gram fennikelfrø

BRUKSANVISNING:
☑ Bratt i 10 minutter i 1 kopp varmt vann; press.

44. Wise Woman Tea

GJØR AT: 2

INGREDIENSER
- 1-delt morurt
- 1-delt salvie
- 1-delt brennesleblad
- 1-del hver sitronmelisse og bynkeblader
- 1-delt kyske trebær
- 1-delt kjerringrokk

BRUKSANVISNING:
- ☑ Legg alle urter i en tepose.
- ☑ Ha i et krus og dekk med kokende vann.
- ☑ Bratt i 10 minutter.
- ☑ Fjern teposen og tilsett søtningsmiddelet ditt.

45.Valerian og Skullcap Epilepsi Kombinasjon

GJØR: 1

INGREDIENSER
- 1 ts Valerian
- 1 ts Skullcap
- 1 ts humle

BRUKSANVISNING:
- ☑ Få vannet til et kokepunkt og tilsett urter.
- ☑ Dekk kjelen med lokk og la den trekke i 5 minutter.

46. Kamille halsbrann te

GJØR AT: 2

INGREDIENSER
- 1 ss kamille
- 1 ss peppermynte
- 2 belger stjerneanis

BRUKSANVISNING:
- ☑ Kok belgene i 5 minutter og hell kamille og peppermynte i anis-teen.
- ☑ Drikk en kopp hver time i to timer før sengetid.

47.Gingko Biloba Memory Minder Tea

GJØR AT:2

INGREDIENSER
- 1 ts Gingko Biloba
- 1 ts Panax Ginseng
- 1 ts peppermynte

BRUKSANVISNING:
- ☑ Kok opp to kopper vann.
- ☑ Tilsett urter og legg et tett lokk over kjelen i fem til ti minutter.
- ☑ Ta en kopp om morgenen og en kopp midt på dagen.

48. Humle Baby Sleep Tea

GJØR AT: 2

INGREDIENSER
- 1 ts humle
- 1 ts kamille

BRUKSANVISNING:
- ☑ Ha 4 kopper vann i en glass- eller porselensgryte og kok opp. '
- ☑ Ta kjelen av varmen og tilsett urtene.
- ☑ Legg et tett lokk på kjelen og la det trekke i fem minutter.
- ☑ Sil ut urter.
- ☑ Legg i en glassflaske.

49.Wort Depresjon Tamer Tea

GJØR: 1

INGREDIENSER
- 1 ts johannesurt
- 1 ts Gingko Biloba

BRUKSANVISNING:
- ☑ Ha 1 kopp vann i en glass- eller porselensgryte og kok opp.
- ☑ Ta kjelen av varmen og tilsett urtene.
- ☑ Legg et tett lokk på kjelen og la det trekke i fem minutter. Sil ut urter.
- ☑ Ha i en kopp og søt med honning.

50.Peppermynteappelsin te

GJØR AT: 8 SERVERINGER
INGREDIENSER:

- 1 blodappelsin, skrelt og delt
- 1 peppermynte-tepose
- 4 kopper vann
- 1/4 kopp frossen limonadekonsentrat
- 6 valgfrie teposer

BRUKSANVISNING:

- ☑ Gi vannet et kokepunkt.
- ☑ Legg i appelsin og teposer.
- ☑ La det trekke sakte i en halvtime til en time.
- ☑ Ta ut teposen og bland inn limonadekonsentratet.
- ☑ Drikk avkjølt.

51.Granateple iste

GJØR AT: 10 SERVERINGER

INGREDIENSER:
- 1/2 granateple
- 2 ss honning
- 4 kopper kokende vann
- 6 teposer

BRUKSANVISNING:
- ☑ Hell kokende vann over teposer i en tekanne.
- ☑ Dekk til og brygg i omtrent fem minutter.
- ☑ Ha i granateple og honning og rør til det er blandet.
- ☑ Hell over i et isfylt glass.

52.Bringebærbasilikum iste

GJØR AT: 8 SERVERINGER

INGREDIENSER:
- 1 kopp friske basilikumblader
- 1 kopp vann
- 1 pund bringebær
- 1/4 kopp agave nektar
- 8 teposer
- Isbiter, til servering

BRUKSANVISNING:
- ☑ Kok opp 6 kopper vann i en panne.
- ☑ Ta av varmen, legg i teposer og la det trekke i fem til ti minutter.
- ☑ Legg bringebær i en beholder. Kok opp 1 kopp vann.
- ☑ Slå av varmen, og ha i agavenektar og basilikum.
- ☑ La det trekke i ti til tolv minutter.
- ☑ Hell det over bringebær og bli kvitt basilikumblader. La avkjøles; Legg i tilberedt te.
- ☑ Sett i kjøleskapet til det er avkjølt og server over isbiter.

53. Bringebær kamille iste

GJØR AT: 6 SERVERINGER

INGREDIENSER:
- 1 halvliter friske bringebær
- 1 vaniljestang, kuttet på langs
- 6 poser kamillete
- 6 kopper kokende vann

BRUKSANVISNING:
- ☑ Legg teposer og vaniljestang i en mugge.
- ☑ Legg i kokende vann og la det trekke i ca fem minutter.
- ☑ Ta ut teposene.
- ☑ Pure bringebær i blenderen og sil for å fjerne frøene.
- ☑ Legg bringebærpuréen i teen din.
- ☑ Serveres avkjølt.

54. Bringebærdrue iste

GJØR AT: 8 SERVERINGER

INGREDIENSER:
- 16-unse flaske mør oransje drikke, kjølt
- 1 kopp bringebær
- 1 lime, kuttet
- 2 teposer i familiestørrelse
- 3 kopper druejuice
- 4 kopper vann

BRUKSANVISNING:
- ☑ Bearbeid bringebær i foodprosessoren din.
- ☑ Hell bringebærpuré gjennom en fin sil.
- ☑ Kok opp 4 kopper vann i en kokepanne.
- ☑ Slå av varmen og legg i teposer.
- ☑ Bratt i ca fem minutter.
- ☑ Bli kvitt teposer.
- ☑ Ha i bringebærpuré, druejuice, lime og en appelsindrink. Rør godt om.
- ☑ Dekk til og avkjøl over natten. Serveres avkjølt.

55. Bringebær hibiscus oppfriskning

GJØR AT: 8 SERVERINGER

INGREDIENSER:
- 1/2 kopp agave nektar
- 2 kopper musserende eplecider, avkjølt
- 4 kopper kokende vann
- 8 hibiscus teposer

BRUKSANVISNING:
- ☑ Hell kokende vann over teposer. bratt i omtrent ti minutter.
- ☑ bli kvitt teposene.
- ☑ Bland inn agavenektar.
- ☑ Avkjøl til du skal servere.
- ☑ Hell i glitrende cider; server over isbiter.

56.Glitrende tranebær iste

GJØR AT: 12 SERVERINGER
INGREDIENSER:

- 4 kopper vann
- 2 teposer
- 3 kopper fersk tranebærjuice
- 4 kopper sprudlende vann
- Strimler av appelsinskall, til pynt
- 1/2 kopp lønnesirup

BRUKSANVISNING:

- ☑ Kok opp 4 kopper vann.
- ☑ Ha i lønnesirup, rør med jevne mellomrom til den er oppløst.
- ☑ Hell lønnevann over teposer.
- ☑ La det trekke i omtrent fem minutter.
- ☑ Bli kvitt teposene.
- ☑ Ha dem i tranebærjuice, og la avkjøle.
- ☑ Hell i sprudlevann, delt mellom serveringsglass og pynt med appelsinskall.

57. Glitrende eple iste

GJØR AT: 6 SERVERINGER

INGREDIENSER:
- 1 kopp kokende vann
- 1/4 kopp musserende vann
- 2 grønn te-poser
- 3 myntekvister
- 3/4 kopp eplejuice Isbiter

BRUKSANVISNING:
- ☑ Bratt teposer i kokende vann i omtrent fem minutter.
- ☑ Ta ut teposene.
- ☑ Ha i resten av ingrediensene. Serveres avkjølt.

58. Sprudlende eplete

GJØR AT: 12 SERVERINGER

INGREDIENSER:
- 1/2 kopp honning
- 3 kopper fersk eplejuice
- 4 kopper kokende vann
- 4 kopper sprudlende vann
- 4 teposer
- Epleskiver, til pynt

BRUKSANVISNING:
- ☑ Bland kokende vann med teposer. La det trekke i noen minutter.
- ☑ Bli kvitt teposene, og bland inn honning og eplejuice.
- ☑ Legg den i sprudlende vann.
- ☑ Server pyntet med epleskiver.

59.Glitrende blåbærte

GJØR AT: 6 SERVERINGER

INGREDIENSER:
- 1/2 kopp agave nektar
- 3 kopper blåbærjuice
- 4 kopper sprudlende vann
- 6 kopper kokende vann
- 6 grønn te-poser

BRUKSANVISNING:
- ☑ Hell kokende vann over teposer.
- ☑ La det trekke i fem til ti minutter.
- ☑ bli kvitt teposer; Ha dem i agavenektar og blåbærjuice.
- ☑ Rør til det er blandet og flytt til kjøleskapet for å avkjøle.
- ☑ Legg i sprudlende vann.
- ☑ Serveres avkjølt.

60.Jordbær grønn te

GJØR AT: 6 SERVERINGER

INGREDIENSER:
- 1 kopp friske jordbær
- 1/4 kopp sitronsaft
- 4 poser grønn te
- 4 kopper kokende vann

BRUKSANVISNING:
- ☑ Hell kokende vann over teposer i en mugge.
- ☑ La stå i omtrent fem minutter.
- ☑ Ta ut teposene.
- ☑ Ha i sitronsaft og sett i kjøleskapet for å avkjøle.
- ☑ Mos jordbær i en foodprosessor eller blender.
- ☑ Sil dem for å fjerne jordbærfrøene.
- ☑ Legg jordbærpuréen i den avkjølte teen.

61.Jordbær sitron iste

GJØR AT: 10 SERVERINGER

INGREDIENSER:
- 1 kopp fersk sitronsaft
- 1 kopp jordbær
- 1/2 kopp agavesirup
- 10 teposer
- 3 kopper sprudlende vann
- Bær til spyd

BRUKSANVISNING:
- ☑ Kok opp 10 kopper vann. Slå av varmen og legg den i teposer.
- ☑ La det trekke
- ☑ Hell teen i en mugge og la den avkjøles.
- ☑ Ha jordbærene og sitronsaften i en blender; puré godt.
- ☑ Sil den purerte blandingen for å bli kvitt jordbærfrøene.
- ☑ Ha jordbærpuré i teen i kannen. Bland inn agavesirup og musserende vann.
- ☑ Rør for å blande godt.
- ☑ Pynt med fruktspyd.

62.Jordbær mandarin te

GJØR AT: 8 SERVERINGER

INGREDIENSER:
- 1 boks frossen limonadekonsentrat
- 2 kopper jordbær, skrellet og kuttet
- 3 mandariner, skrelt
- 8 sorte teposer

BRUKSANVISNING:
- ☑ Hell 8 kopper kokende vann over teposer i en mugge.
- ☑ La det trekke i noen minutter,
- ☑ Puré jordbær og mandarin i blenderen til blandingen er jevn.
- ☑ Plasser denne purerte blandingen i den gjennomvåte teen.
- ☑ Ha i limonadekonsentrat og rør til det er blandet.

63.Sommer appelsin te

GJØR AT: 4 SERVERINGER

INGREDIENSER:
- 1/4 kopp tørkede krysantemum
- 3 appelsinskiver
- 4 kopper kokende vann
- Agave sirup

BRUKSANVISNING:
- ☑ Legg krysantemum og appelsinskiver i en keramikkgryte.
- ☑ Hell i kokende vann og dekk til med lokk.
- ☑ La det trekke i fem minutter. Bland inn agavesirup.
- ☑ Sett i kjøleskapet til det er kaldt og server avkjølt eller over is.

64. Mandarin og lavendel iste

GJØR AT: 12 SERVERINGER

INGREDIENSER:
- 1 ½ ts tørket lavendel
- 1 mandarin, skrellet og kuttet
- 8 kopper vann
- 8 teposer
- Honning

BRUKSANVISNING:
- ☑ Kok opp vann.
- ☑ Legg i teposer og la det trekke i 5 minutter; sil teen over i en mugge.
- ☑ Ha i resten av ingrediensene.
- ☑ Avkjøl og server over knust is.

65.Mandarin jordbær iste

GJØR AT: 6 SERVERINGER

INGREDIENSER:
- 1 kopp granateplejuice
- 4 jordbær urtete-poser
- 6 kopper vann
- 6 mandarin-urte-te-poser
- Isbiter
- Jordbær, til pynt

BRUKSANVISNING:
- ☑ Hell vann i en kjele og la det koke opp.
- ☑ Legg i teposene og la dem stå i omtrent en halv time. bli kvitt teposer.
- ☑ Flytt teen til en mugge.
- ☑ Ha i granateplejuice og rør til det er blandet.
- ☑ Søt teen din og server toppet med jordbær.

66. Lime agurk iste

GJØR AT: 8 SERVERINGER

INGREDIENSER:
- 1/2 kopp agurk, kuttet
- 1/4 kopp villblomsthonning
- 2 lime
- 8 kopper kokende vann
- 5 teposer

BRUKSANVISNING:
- ☑ Hell kokende vann i en mugge.
- ☑ Ha i resten av ingrediensene.
- ☑ Plasser i kjøleskapet i 2 timer eller til smaken har trukket seg.
- ☑ Serveres avkjølt.

67.Limeade iste

GJØR AT: 10 SERVERINGER

INGREDIENSER:
- 6-unse boks med nøkkellimekonsentrat
- 1 kopp mynteblader, løst pakket
- 3 kopper kokende vann
- 4 kopper kaldt vann
- 4 teposer

BRUKSANVISNING:
- ☑ Hell kokende vann i en kokepanne.
- ☑ Legg i teposer og friske mynteblader.
- ☑ Bratt i 10 minutter.
- ☑ Bli kvitt teposer og mynteblader.
- ☑ Tilsett ønsket søtningsmiddel.
- ☑ Ha i 4 kopper kaldt vann og limekonsentrat.
- ☑ Server over isbiter.

68.Mango grønn te

GJØR AT: 4 SERVERINGER

INGREDIENSER:
- 1 kopp mango nektar
- 1 kopp grønn te
- 1 kvist salvie
- Mangoskiver, til pynt

BRUKSANVISNING:
- ☑ Bland te, salvie og mango-nektar i en mugge.
- ☑ Server over is pyntet med mangoskiver.

69.Maple bringebær te

GJØR AT: 10 SERVERINGER

INGREDIENSER:
- 1/2 kopp pulverisert limonadeblanding
- 1 kopp friske bringebær
- 1 gallon vann
- 2 ss lønnesirup
- 3 teposer

BRUKSANVISNING:
- ☑ Kok opp vannet i en panne.
- ☑ Ha i teposer og bringebær.
- ☑ La denne blandingen trekke i omtrent fem minutter; ta ut teposene.
- ☑ Ha i lønnesirup og limonadeblanding og rør godt.
- ☑ Avkjøl og server over isbiter.

70. Mammas tranebærte

GJØR AT: 12 SERVERINGER

INGREDIENSER:
- 12 unse boks tranebærjuicekonsentrat
- 1 gallon vann
- 13 teposer

BRUKSANVISNING:
- ☑ Kok opp vann i en kjele.
- ☑ Legg den i teposer og la den trekke i noen minutter.
- ☑ Hell i tranebærjuice og rør til det er blandet.
- ☑ Søt med agavenektar og server avkjølt.

71. Tropisk iste

GJØR AT: 12 SERVERINGER

INGREDIENSER:
- 1 kopp fersk appelsinjuice
- 1 kopp ananas
- 1/2 kopp agavesirup
- 12 kopper kokende vann
- 12 teposer
- 3 kopper sitronbrus

BRUKSANVISNING:
- ☑ Plasser kokende vann og teposer i en tekanne;
- ☑ La det trekke.
- ☑ Sett i kjøleskap til den er avkjølt.
- ☑ Ha ananas og appelsinjuice i blenderen.
- ☑ Puré til blandingen er jevn og jevn.
- ☑ Legg ananaspuré i muggen.
- ☑ bland inn agavesirup og sitronbrus.
- ☑ Rør og server avkjølt.

72.Vanilje og sjasmin te

GJØR AT: 8 SERVERINGER

INGREDIENSER:
- 1 vaniljestang, kuttet på langs
- 1/2 kopp appelsinjuice
- 1/3 kopp honning
- 12 teposer av grønn sjasmin
- 4 kopper kaldt vann
- 4 kopper kokende vann

BRUKSANVISNING:
- ☑ Legg teposer og vaniljestang i kokende vann i to til tre minutter.
- ☑ Ta ut teposene og hell teen din i en mugge.
- ☑ Bland inn appelsinjuice og honning; rør til honningen er oppløst.
- ☑ Legg i 4 kopper kaldt vann.
- ☑ Serveres avkjølt.

73. Is-sitrussolte

GJØR AT: 4 SERVERINGER
INGREDIENS
- 2½ kopp appelsinjuice
- 4 røde Zinger teposer
- 4 kopper vann
- 1 lime
- 1 sitron
- ¼ kopp avkjølt enkel sirup
- 1 navleappelsin; oppskåret

BRUKSANVISNING:
- ☑ Fyll et isbitbrett med appelsinjuice og frys, uten lokk, til det er fast, ca. 4 timer.
- ☑ Kombiner teposer og vann i en mugge og la teen trekke i 4 timer.
- ☑ Fjern teposer og avkjøl teen, tildekket, til den er kald, 30 minutter.
- ☑ Skjær halvparten av sitronen og limen i skiver og klem de resterende halvdelene inn i teen.
- ☑ Server te over appelsinjuice-isbiter i høye glass.

74. Ingefær ananas iste

GJØR AT: 4 SERVERINGER

INGREDIENSER:
- 1 kopp usøtet ananasjuice
- 2 ss limejuice
- 3 ss frisk ingefær, finhakket
- 3 ss honning
- 4 kopper vann
- 4 teposer

BRUKSANVISNING:
- ☑ I en panne, kok opp vannet.
- ☑ Slå av varmen.
- ☑ Legg i teposene og la dem trekke i 5 minutter.
- ☑ bli kvitt teposene dine; Ha i resten av ingrediensene.
- ☑ Avkjøl noen timer før servering.

75.Hibiskus og granateple te

GJØR AT: 8 SERVERINGER

INGREDIENSER:
- 1 kopp granateplenektar
- 1/4 kopp løs hibiskuste
- 4 kopper kokende vann
- 4 kopper kaldt vann
- Appelsinbåter, til garnering

BRUKSANVISNING:
- ☑ Bratt hibiskuste i kokende vann i omtrent fem minutter.
- ☑ Sil teen og hell den i en mugge.
- ☑ Bland inn granateplenektar og kaldt vann.
- ☑ Sett i kjøleskapet til det er avkjølt.
- ☑ Server over is, pyntet med appelsinbåter.

76.Jasminte med mandelmelk

GJØR AT: 8 SERVERINGER

INGREDIENSER:
- 8 teposer av sjasmin
- Limeskiver, til pynt
- 1/4 kopp honning
- 1/4 kopp tung krem
- 1/4 kopp usøtet mandelmelk

BRUKSANVISNING:
- ☑ Kok opp 6 kopper vann og legg det i teposene.
- ☑ Slå av varmen og la teen trekke i omtrent fem minutter.
- ☑ Ha i honning, kremfløte og mandelmelk.
- ☑ Pynt med limeskiver.
- ☑ Server teen over knust is.

77.Rakett mynte iste

GJØR AT: 1 servering

INGREDIENSER:
- 1 ss agavesirup
- 1 ss fersk limejuice
- 1/2 kopp brygget grønn te, avkjølt
- 4 babyrakettblader
- 6 mynteblader

BRUKSANVISNING:
- ☑ I et glass blander du limejuice med rakettblader, mynteblader og agavesirup.
- ☑ Hell i en avkjølt te.
- ☑ Rør og server avkjølt.

78. Cayenne te

GJØR AT:1

INGREDIENSER:
- 1/8 ts kajennepulver
- 1 ss fersk sitronsaft
- 1 ts rå honning
- 1 kopp kokt vann

BRUKSANVISNING:
- ☑ Legg cayennepulveret i et krus.
- ☑ Hell vannet over det. Rør umiddelbart
- ☑ Tilsett sitronsaft og honning. Rør igjen for å blande det hele
- ☑ Avkjøl og drikk deretter.

79. Malaysisk te

GJØR AT: 8 SERVERINGER

INGREDIENSER:
- 8 kopper kokende vann
- 4 poser med grønn te el
- 8 ts Løse grønne teblader
- ½ ts kanel
- ¼ teskje Malt kardemomme
- 2 ss sukker

BRUKSANVISNING:
- ☑ Ha alle ingrediensene i en tekanne og la det trekke i 2 minutter.
- ☑ Server alene eller med strimlede mandler.

80.Kanel butterscotch te

GJØR AT: 1 SERVERING

INGREDIENSER:
- 1 kopp varm te
- 2 Sommerkaramel hardt godteri
- 1 ss honning
- ½ ts sitronsaft
- 1 kanelstang

BRUKSANVISNING:
- ☑ Rør til godterier smelter, eller fjern eventuelle gjenværende biter før du drikker

81.Appelsin-muskat te

GJØR AT: 1 SERVERING

INGREDIENSER:
- 1 kopp instant te pulver
- 1 kopp sukker
- 0,15 gram appelsin-smak drink blanding
- 1 ts Malt muskatnøtt

BRUKSANVISNING:
- ☑ I en bolle, kombinere alle ingrediensene; rør til det er godt blandet.

82. Saigon te

GJØR AT: 4 SERVERINGER

INGREDIENSER:
- 2 ss te
- 4 kopper kokende vann
- Sitronskiver
- 12 hele nellik
- 12 krydderbær
- 2" kanelstang

BRUKSANVISNING:
- ☑ Plasser teen i en oppvarmet kjele; tilsett vann.
- ☑ Tilsett nellik, allehånde og kanel; la trekke i 5 minutter.
- ☑ Hell gjennom en sil over is i høye glass.
- ☑ Pynt med sitron.

83. Masala te

GJØR AT: 8 SERVERINGER

INGREDIENSER:
- 6 kopper -kaldt vann
- ⅓ kopp melk
- 3" kanelstang
- 6 grønne kardemomme, hele
- 4 nellik, hele
- 12 svart pepperkorn
- 12 ts sukker
- 9 teposer med appelsin pekoe

BRUKSANVISNING:
- ☑ Bland vann og melk i en panne, og kok opp.
- ☑ Tilsett krydder og sukker.
- ☑ Rør for å blande, og slå av varmen.
- ☑ Dekk til pannen, og la kryddene trekke i 10 minutter.
- ☑ Tilsett tebladene eller teposene, og kok opp vannet.
- ☑ Reduser varmen og la det småkoke under lokk i 5 minutter.
- ☑ Sil teen over i en varm tekanne, og server umiddelbart.

84. russisk te

GJØR AT: 6 SERVERINGER

INGREDIENSER:
- 2 kopper Tang
- ¾ kopp vanlig instant-te
- 1 kopp sukker
- 1 ts kanel
- 3 gram Country Time limonadeblanding
- ½ ts nellik
- ½ ts allehånde

BRUKSANVISNING:
- ☑ Bland alt sammen.
- ☑ Bruk 2 haugevis av teskjeer per tekopp varmt vann.

85.Chai Kurdi

GJØR AT: 4 SERVERINGER

INGREDIENSER:
- 1 ss indiske teblader
- 1 kanel; pinne
- vann, kokende
- Sukkerbiter

BRUKSANVISNING:
- ☑ Ha te og kanel i en tekanne og hell i det kokende vannet.
- ☑ La det trekke i 5 minutter.
- ☑ Serveres varm med sukkerbiter.

86.Kanelpære iste

GJØR AT: 6 SERVERINGER

INGREDIENSER:
- ½ kopp usøtet pærejuice
- 1 kanelstang
- 1 ss sitronsaft
- 2½ ss agave nektar
- 2 ss frisk ingefær, finhakket
- 6 sorte teposer
- 6 kopper vann

BRUKSANVISNING:
- ☑ I en panne, kok opp vannet.
- ☑ Slå av varmen og legg i kanelstangen og teposene.
- ☑ La det trekke i fem til syv minutter.
- ☑ bli kvitt teposene og legg dem i resten av ingrediensene.
- ☑ Avkjøl i 2 timer før servering.

87.nellik og muskat appelsin te

GJØR AT: 20 SERVERINGER

INGREDIENSER:
- 1 ts malt nellik
- 1/4 kopp drikkeblanding med appelsinsmak
- 1/4 kopp instant-tepulver med sitronsmak
- 1/4 ts malt muskatnøtt

BRUKSANVISNING:
- ☑ Bland alle ingrediensene.
- ☑ Flytt til en mugge
- ☑ Hell kokende vann over det.
- ☑ Serveres varm eller avkjølt!

88. Kokos Chia Frø Spritzer

GJØR AT: 2

INGREDIENSER
- 1 kopp kokos chia te
- 1 kopp mineralvann
- 4 dråper Stevia

BRUKSANVISNING:
- ☑ Legg din avkjølte, bryggede te til en murkrukke.
- ☑ Tilsett mineralvann og stevia.
- ☑ Hell over i et isfylt glass.

89. Dillfrø te

GJØR AT: 1 SERVERING

INGREDIENSER
- 1 ts dillfrø
- 1 kopp kokende vann
- Honning

BRUKSANVISNING:
- ☑ Plasser dillfrø i en tebolle eller bare plasser den i en kjele, og hell kokende vann over den.
- ☑ La det trekke i flere minutter.
- ☑ Tilsett honning.

90.Korianderfrø te

GJØR AT: 1 SERVERING

INGREDIENSER
- ½ ts korianderfrø
- 1 ss fersk koriander
- 1 kopp vann
- 1 ts løs nype-te
- 1 ss tranebærjuicecocktail

BRUKSANVISNING:
- ☑ Knus koriander og legg i et 2-kopps glassmål.
- ☑ Tilsett koriander og te; sette til side.
- ☑ Få vann til et kokepunkt; Hell det varme vannet over teblandingen.
- ☑ Knus koriander mot sidene av glassmålet.
- ☑ Bratt, tildekket, i 10 minutter.
- ☑ Sil te; tilsett juice og server.

91. Varm lotus te

GJØR AT: 6 SERVERINGER

INGREDIENSER
- 4 kopper vann
- ½ ts natron
- 1 pund Lotus frø
- 5 kopper vann
- 1 kopp sukker
- 2 egg

BRUKSANVISNING:
- ☑ Få vann til et kokepunkt; bland inn natron.
- ☑ Hell det varme vannet over lotusfrøene og la trekke i 8 minutter.
- ☑ Gni lotusfrø med fingrene til skallet; skyll og tøm.
- ☑ Kok opp gjenværende vann; bland deretter inn sukker for å løse opp.
- ☑ Tilsett lotusfrø og la det småkoke under lokk i 1 time.
- ☑ Pisk egg og bland inn i blandingen.
- ☑ Serveres varm.

92.Te av lavendel og fennikelfrø

GJØR AT: 2

INGREDIENSER
- 1 kopp vann
- ½ ts lavendelknopper
- noen tørkede roseblader
- 10-12 mynteblader
- ½ ts fennikelfrø

BRUKSANVISNING:
- ☑ Varm opp vannet i en kjele eller panne til det begynner å koke.
- ☑ Legg lavendelknopper, roseblader, fennikelfrø og mynteblader i en kaffepresse.
- ☑ Tilsett det varme vannet.
- ☑ La blandingen trekke i 4 minutter.
- ☑ Trykk stempelet ned.
- ☑ Server teen i en kopp.

93. Fennikelfrø Carminative Tea

GJØR: 1

INGREDIENSER
- 1 kopp vann
- 1 ss fennikelfrø

BRUKSANVISNING:
- ☑ Kok opp vannet og fennikelfrøene.
- ☑ La det sitte i 15 minutter.

94. Kamille & karve angelica te

GJØR AT:2

INGREDIENSER
- 1 unse kamille
- 2/3 gram peppermynte
- 1 unse karvefrø
- 2/3 gram angelica

BRUKSANVISNING:
☑ Bland blandingen i 10 minutter i 1 kopp varmt vann og sil.

95.Nype te av korianderfrø

GJØR AT: 1 SERVERING

INGREDIENSER:
- ½ ts korianderfrø
- 1 ss fersk koriander
- 1 kopp vann
- 1 Nype tepose
- 1 ss tranebærjuicecocktail

BRUKSANVISNING:
- ☑ Knus koriander og legg i et 2-kopps glassmål.
- ☑ Tilsett koriander og te; sette til side.
- ☑ Få vann til et kokepunkt; Hell det varme vannet over teblandingen.
- ☑ Knus koriander mot sidene av glassmålet; bratt i 10 minutter.
- ☑ Sil te; tilsett juice og server.

96.Anisfrøkrydret lettelse

GJØR AT: 2

INGREDIENSER:
- 1 ts anisfrø, knust
- 2 kanelstenger
- 1-tommers ingefær, i skiver
- Honning
- 2 ts tørket løs Echinacea

BRUKSANVISNING:
- ☑ Kombiner krydder og Echinacea i en gryte med tre kopper vann.
- ☑ Kok opp og la det deretter småkoke i 18 minutter.
- ☑ Sil over i et krus og tilsett honning.

97.Te med kokosmelk

GJØR AT: 4 SERVERINGER

INGREDIENSER:
- 1/4 ts revet muskatnøtt
- 3/4 kopp fullfett kokosmelk, skummet
- 4 kopper kokende vann
- 4 teposer
- lønnesirup

BRUKSANVISNING:
- ☑ Plasser 1 tepose i hvert krus. Hell kokende vann over teposen.
- ☑ La det trekke i omtrent fem minutter.
- ☑ Tillat avkjøling.
- ☑ Bland inn lønnesirup.
- ☑ Hell skummet melk over teen.
- ☑ Drypp med revet muskatnøtt.

98. Helbredende sitronmyntete

GJØR AT: 6 SERVERINGER
INGREDIENSER:
- 1½ kopp kokende vann
- 3 ts instant-te
- 6 kvister mynte
- 1 kopp kokende vann
- 1 kopp sukker
- ½ kopp sitronsaft

BRUKSANVISNING:
- ☑ Kombiner 1-½ kopper kokende vann, instant-te og mynte.
- ☑ Bratt, tildekket, i 15 minutter.
- ☑ Kombiner 1 kopp kokende vann, sukker og sitronsaft.
- ☑ Bland den andre blandingen med mynteblandingen etter å ha silt den.
- ☑ Tilsett 4 kopper kaldt vann.

99. Sitrus sol te

GJØR AT: 4 SERVERINGER
INGREDIENSER:

- 4 ss svart te
- Mynteblader; til pynt
- 3 ss granulert sukker
- 6 tommer myntekvister
- 4 kopper kaldt vann
- Saft av 1 sitron
- 2 kopper fersk appelsinjuice
- 1 oransje

BRUKSANVISNING:

- ☑ Kombiner te, vann, sukker og myntekvist i en glassbeholder.
- ☑ Rist og la det trekke i 3 timer.
- ☑ Rør appelsinjuice og sitronsaft inn i teblandingen.
- ☑ Sil blandingen og tilsett appelsinbitene.
- ☑ Avkjøl og server deretter pyntet med appelsinskiver og mynte.

100. Epazote te

GJØR AT: 1 SERVERING

INGREDIENS
- 2 liter kokende vann
- 8 Stengler og blader av fersk epazote

BRUKSANVISNING:
- ☑ Tilsett epazote i kokende vann.
- ☑ La småkoke i 2 minutter.
- ☑ Tjene.

KONKLUSJON

Avslutningsvis er helbredende teer en fantastisk måte å forbedre ditt generelle velvære og nyte deilige og sunne drinker på samme tid. Med et bredt utvalg av teer å velge mellom, hver med sine egne unike egenskaper og smaker, er det noe for enhver smak. Enten du foretrekker svart te, grønn te, hvit te, urtete eller medisinsk te, kan du enkelt lage disse helbredende teene hjemme med enkle ingredienser. Så hvorfor ikke prøve ut noen av disse oppskriftene og se hvordan de kan være til fordel for helsen og velværet ditt?

www.ingramcontent.com/pod-product-compliance
Lightning Source LLC
LaVergne TN
LVHW021712060526
838200LV00050B/2621